Sé un líder de la comunidad

Cómo mantenernos informados

Leslie Harper

Traducido por Marcela Brovelli

PowerKiDS
press
New York

Published in 2015 by The Rosen Publishing Group, Inc.
29 East 21st Street, New York, NY 10010

First Edition

Editor: Norman D. Graubart
Book Design: Joe Carney
Book Layout: Colleen Bialecki
Photo Research: Katie Stryker

Photo Credits: Cover Brian Davis/PhotoLlibrary/Getty Images; p. 4 Win McNamee/Getty Images; p. 5 BrianAJackson/iStock/Thinkstock; p. 6 Jetta Productions/Photodisc/Thinkstock; p. 7 Dmitriy Shironosov/iStock/Thinkstock; p. 8 MikeCherim/iStock/Thinkstock; p. 9 Fuse/Thinkstock; p. 10 raywoo/iStock/Thinkstock; p. 11 shootsphoto/iStock/Thinkstock; p. 13 themorningglor/iStock/Thinkstock; p. 14 Vladone/iStock/Thinkstock; pp. 15, 21 Monkey Business Images/Thinkstock; p. 16 Zeynep Ozyurek/iStock/Thinkstock; p. 17 Tetra Images/Thinkstock; p. 18 Steve Debenport/E+/Getty Images; p. 19 Sam Bloomberg-Rissman/Blend Images/Getty Images; p. 20 Oleksit Maksymenko/All Canada Photos/Getty Images; p. 22 pablocalvog/iStock/Thinkstock; p. 23 Nadine Rupp/Getty Images; p. 25 martiapunts/iStock/Thinkstock; p. 26 PhotoAlto/Frederic Cirou/Vetta/Getty Images; p. 28 db2stock/Getty Images; p. 29 Photodisc/Thinkstock; p. 30 Ariel Skelley/Blend Images/Getty Images.

Library of Congress Cataloging-in-Publication Data

Harper, Leslie.
[How to stay informed. Spanish]
Cómo mantenernos informados / by Leslie Harper ; translated by Marcella Brovelli.— First Edition
    pages cm. — (Sé un líder de la comunidad)
Includes index.
ISBN 978-1-4777-6921-8 (library binding) — ISBN 978-1-4777-6922-5 (pbk.) —
ISBN 978-1-4777-6923-2 (6-pack)
1. Mass media—Research—United States—Juvenile literature. 2. Research—Methodology—Juvenile literature.
3. Library orientation for children—United States—Juvenile literature. 4. Electronic information resource
searching—United States—Juvenile literature. 5. Citizenship—United States—Juvenile literature. I. Title.
P91.5.U5H3718 2015
302.23—dc23
                                    2014007774

Manufactured in the United States of America

CPSIA Compliance Information: Batch #WS14PK3: For Further Information contact Rosen Publishing, New York, New York at 1-800-237-9932

Contenido

Mantente informado

Una **democracia** es el sistema de gobierno en el que los ciudadanos eligen a los gobernantes para que aprueben y hagan cumplir las leyes. Para elegir a los mejores líderes, la gente necesita conocer lo que sucede en su comunidad, en el país y en el mundo. Existen muchas maneras de estar informado: leer periódicos, revistas de noticias y páginas web **confiables** o creíbles. A los 18 años, tú también podrás valerte de estas fuentes de información para decidir cómo votar en las elecciones.

Encuentro del presidente Barack Obama con François Hollande, presidente de Francia. Las agencias publican este tipo de noticias a diario.

NEWS

BUSINESS NEWS
GLOBAL MARKETS
EMPLOYMENT
TECHNOLOGY

Muchos periódicos pueden leerse en línea,
o en tabletas o teléfonos Smartphone.

Sin embargo, no sólo hay que estar informado para saber cómo votar, sino para ser un buen ciudadano. Saber lo que ocurre en el mundo te servirá de herramienta para lograr cambios en tu comunidad. Y también para influir en el modo de pensar de los gobernantes. Para lograrlo, deberás aprender a **interpretar** o entender el verdadero significado de información. Además, tendrás que buscar buenas fuentes para estar mejor informado. Entonces, podrás usar la tecnología y tu propia voz para difundir tu idea. ¡Este libro te ayudará a desarrollar estas habilidades!

Entender los medios de comunicación

La mayoría de la gente usa algún **medio de comunicación** para informarse acerca de lo que sucede en la actualidad y en el mundo. Los medios de comunicación son la vía para que los hechos lleguen al conocimiento de la gente. La mayor parte de la información que se presenta es recopilada y escrita por los **periodistas**. Su trabajo es muy importante: investigan hechos recientes y reunen información. Hablan con la gente involucrada, y así escuchan las diferentes versiones de quienes presenciaron los hechos. Luego, los periodistas organizan toda esa información y la presentan claramente para que los lectores puedan entenderla.

Esta biblioteca, al igual que todas, tiene computadoras con acceso a Internet y a programas para localizar libros que buscas.

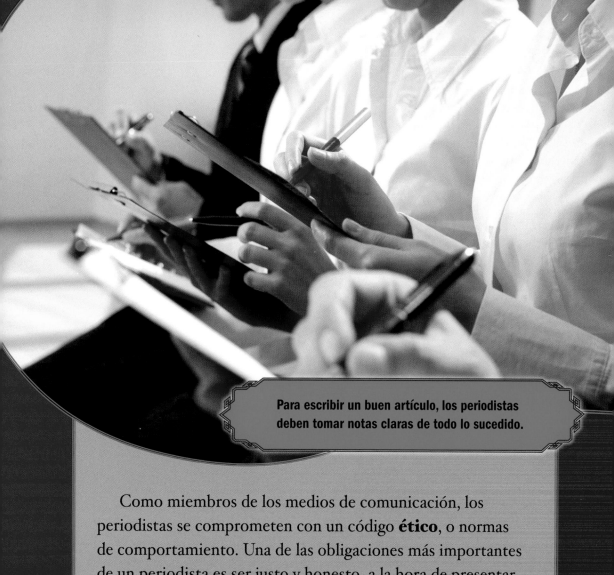

Para escribir un buen artículo, los periodistas deben tomar notas claras de todo lo sucedido.

Como miembros de los medios de comunicación, los periodistas se comprometen con un código **ético**, o normas de comportamiento. Una de las obligaciones más importantes de un periodista es ser justo y honesto a la hora de presentar la información.

Dentro de los medios de comunicación se encuentran los programas de televisión, periódicos, revistas y páginas web. Todos brindan información importante, pero cada medio tiene sus puntos débiles y fuertes. Aun así, todos los medios son muy útiles dependiendo del tipo de información que uno busque.

Una de las mejores formas de mantenerse informado acerca de asuntos de actualidad es leyendo periódicos. Los periódicos nacionales cubren temas de interés para la gente de todo el país. Los periódicos locales se centran en información de interés para la gente de una zona determinada, pero también incluyen algunas noticias nacionales y mundiales. La mayoría de los pueblos y ciudades tienen al menos un periódico local, y muchos tienen varias publicaciones.

En los últimos años, Internet ha pasado a ser una fuente de información muy importante. A diferencia de las fuentes impresas, las páginas web pueden editarse y actualizarse muchas veces al día, cada vez que aparece nueva información. En las páginas web, conocidas como **blogs**,

Cuando una periodista de televisión informa desde el lugar de los hechos, por ejemplo, ante un temporal fuerte, la noticia es mucho más interesante.

la gente comparte links de noticias y también opiniones y experiencias propias. Por lo general, los blogs se centran en un tema específico y cubren cuestiones que van desde el cambio climático hasta la inmigración. A menudo, la gente que quiere compartir algo que le interesa, por ejemplo cuestiones sobre granjas orgánicas, acostumbra tener su propio blog.

Consejos

Durante muchos años, la gente recibía las noticias por boca de otros. Más adelante, los textos importantes comenzaron a escribirse a mano, pero esto tomaba mucho tiempo. En el siglo XV, Johannes Gutenberg inventó la imprenta, una máquina con logotipos movibles capaz de imprimir miles de copias en un solo día. A partir de entonces, los periódicos empezaron a publicarse diariamente.

Entender el contenido

Para estar informada, la gente necesita entender las noticias que lee y escucha. Entender un artículo es fácil cuando uno puede analizarlo e identificar las partes que lo componen. Por ejemplo, un artículo periodístico debe especificar quién es el sujeto de la historia, qué ocurrió, cómo, cuándo y dónde. Estas preguntas se conocen como las "cinco W" porque en inglés comienzan con los pronombres who, what, why, where y when. Los artículos deben incluir hechos concretos que lo apoyen. Supongamos que un artículo dice que algunos residentes de un pueblo se disgustaron ante un proyecto para demoler un

Si lees una noticia que no responde a estas cinco preguntas, es posible que no sea totalmente confiable.

edificio histórico. Para justificar o demostrar esta afirmación, en el artículo podría aclararse que 30 personas se reunieron para expresar su opinión en contra del proyecto.

Cuando los periodistas escriben una noticia, no suelen incluir sus opiniones. Sin embargo, a veces, te encontrarás con expresiones como, "Yo creo" o "Yo siento que", que sí son opiniones, pero esto no quiere decir que la información sea incorrecta. De todos modos, al leer no olvides que el autor tal vez cuente sólo una parte de la historia.

Ten cuidado con algunos reportajes porque a veces a los escritores les gusta que sus artículos de opinión parezcan periodísticos.

Consejos

Los hechos siempre son ciertos, pero las opiniones son creencias que solo algunas personas sostienen. Los reportajes periodísticos a veces incluyen opiniones o citas de otras personas, que se escriben entre comillas para repetir lo que alguien dijo textualmente. La cita de un ciudadano explicando por qué se opone a la demolición de un edificio histórico apoyaría el hecho de que otros habitantes también desaprueban la idea.

En busca de buenas fuentes de información

La base para estar bien informado es que la información sea correcta. La información confiable proviene de fuentes confiables, pero no todas las fuentes lo son. Así puede suceder con los periódicos, las revistas y los programas de televisión y, en especial, con Internet. Hoy en día cualquier persona puede crear una página web y subir la información que quiera. Desafortunadamente, muchas páginas proveen información incorrecta o desactualizada. Las páginas del gobierno local o federal, de las universidades y de agencias de noticias reconocidas son excelentes fuentes de información.

Para saber si se puede confiar en una fuente, averigua los antecedentes del autor. Por ejemplo, ¿es el autor del artículo un periodista reconocido? Si no fuera así, averigua si tiene estudios en algún campo determinado, como ciencias o finanzas, para desempeñarse con conocimiento. Trata de fijarte si el autor tiene **prejuicio**, o preferencia por alguna opinión. Si un médico escribe un artículo sobre los buenos efectos que causa un medicamento determinado y él, a su vez, trabaja para el laboratorio que vende ese medicamento, entonces el médico quizás no sea una fuente tan confiable.

500571 – 501900

En la sección de referencia de las bibliotecas puedes encontrar información sobre personas, lugares y temas relacionados con los artículos periodísticos que hayas leído.

El estilo de un artículo es una buena pista para saber si éste proviene de una fuente confiable. Lo que se publica en una revista o periódico es previamente revisado por un **editor**; los editores se encargan de corregir errores ortográficos y gramaticales y también de estilo. La mayoría de los artículos también pasan por la revisión de los verificadores de información. Ellos corroboran la veracidad de los hechos que se mencionan en el artículo. Al leer un artículo, presta atención a la ortografía y la gramática. Si encuentras algunos errores, no quiere decir que el texto tenga información incorrecta, pero debes tener en cuenta que el artículo casi seguro fue corregido y verificado solo por el autor.

Estas son oficinas de gobierno en Washington D.C. Los organismos de gobierno son fuentes de información confiables.

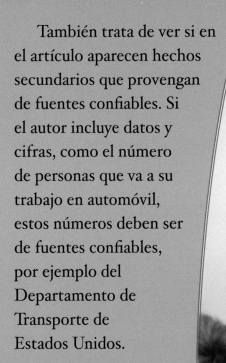

También trata de ver si en el artículo aparecen hechos secundarios que provengan de fuentes confiables. Si el autor incluye datos y cifras, como el número de personas que va a su trabajo en automóvil, estos números deben ser de fuentes confiables, por ejemplo del Departamento de Transporte de Estados Unidos.

Además de dar clases, la mayoría de los profesores de la universidad realizan investigaciones y publican libros y artículos. Por lo general, este material es una fuente de información confiable.

Consejos

Casi siempre, cuando se cita a una persona en un texto, debe indicarse su nombre. Si el lector conoce a quién pertenece la cita sabrá si la información es confiable. Sin este dato, el lector no puede decidir si confiar o no. Sin embargo, en algunos casos, el autor de la cita prefiere el anonimato porque teme meterse en problemas.

Evitar malas fuentes de información

Si sabes reconocer una fuente de información confiable, te será más fácil detectar una que no lo es. No se puede confiar en una fuente con información errónea, desactualizada y tendenciosa. Si piensas que estás ante una mala fuente, tú mismo puedes ser tu propio verificador de datos. Si el artículo **cita** o menciona de dónde proviene la información, revisa esos datos. Entra en las páginas web de la fuente y búscalos tú mismo. Al hacerlo, podrás determinar si esa fuente en sí misma es confiable. Si el autor del artículo no aclara de dónde sacó la información y tú no tienes cómo revisarlo, busca otra fuente.

Incluso si la fuente que lees no está en línea, puedes verificar los datos por Internet. Puedes usar las páginas web académicas y de noticias para hacerlo.

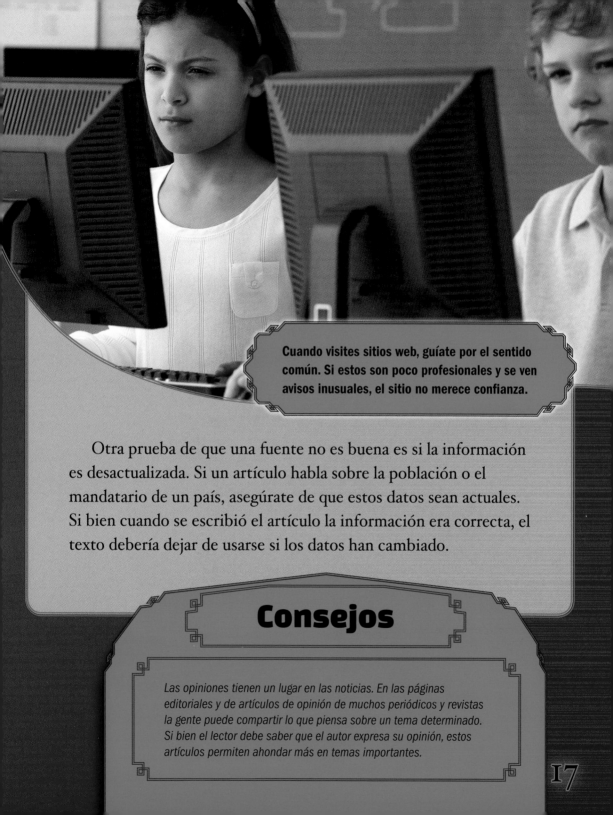

Cuando visites sitios web, guíate por el sentido común. Si estos son poco profesionales y se ven avisos inusuales, el sitio no merece confianza.

Otra prueba de que una fuente no es buena es si la información es desactualizada. Si un artículo habla sobre la población o el mandatario de un país, asegúrate de que estos datos sean actuales. Si bien cuando se escribió el artículo la información era correcta, el texto debería dejar de usarse si los datos han cambiado.

Consejos

Las opiniones tienen un lugar en las noticias. En las páginas editoriales y de artículos de opinión de muchos periódicos y revistas la gente puede compartir lo que piensa sobre un tema determinado. Si bien el lector debe saber que el autor expresa su opinión, estos artículos permiten ahondar más en temas importantes.

Bibliotecas y bibliotecarios

Para estar informado, es importante saber qué fuentes elegir y cómo buscarlas. La biblioteca de tu escuela, pueblo o ciudad es un buen sitio para comenzar. Allí encontrarás libros de todos los temas que puedas imaginar. Y, generalmente, también tienen ediciones actuales de muchos periódicos y revistas. Muchas bibliotecas guardan copias impresas o digitales de ediciones viejas de algunos periódicos.

Los bibliotecarios de la sección de referencia están preparados para ayudar a personas como tú a buscar información, y a usar el material de la biblioteca.

En la sección de periódicos de las bibliotecas, se pueden encontrar diarios, revistas y otras publicaciones que salen regularmente.

Si no sabes por dónde empezar, habla con el bibliotecario de tu pueblo o ciudad, o con el encargado de medios de comunicación de tu escuela. Ellos están preparados y tienen mucha experiencia para buscar y organizar información. Con su ayuda podrás encontrar ejemplares de periódicos e investigar bases de datos para tener más información. En una base de datos, podrás encontrar material sobre todos los temas, desde películas hasta conflictos bélicos.

La gran cantidad de información que hay en una biblioteca es apenas el principio. La bibliotecaria puede orientarte para encontrar la información adecuada y más importante.

Uso de computadoras

Pueden transcurrir muchos meses antes de que un libro sobre un acontecimiento actual se publique y llegue a la biblioteca. La mayoría de los periódicos se editan a diario, mientras que algunas revistas se publican semanal o mensualmente. Sin embargo, a través de Internet uno puede acceder a la última información en cuestión de segundos. Por esto las computadoras y tabletas son herramientas muy útiles para estar informado. Así como se busca información en una biblioteca, todo lo que necesitas para usar Internet es saber a qué sitios ingresar para investigar.

Google, el buscador más utilizado, da muchísima información. Así que, a la hora de investigar, asegúrate de elegir buenas fuentes.

Una manera sencilla para comenzar es entrar en un buscador y escribir las palabras clave. Por ejemplo, si necesitas información sobre "elefantes africanos", obtendrás listas de páginas útiles para tu búsqueda. Al leerlas, presta atención a los nombres de las páginas y de quiénes son. Si buscas información sobre elefantes africanos, entra en las páginas web de zoológicos y universidades, estas fuentes siempre son confiables.

Para mayor seguridad, pide ayuda a tus padres para usar Internet.

Consejos

Los buscadores dan miles de resultados, pero está de tu parte utilizar fuentes confiables. Para más información sobre quién maneja una página web, basta con mirar cómo termina el nombre de ésta. Las páginas web del gobierno terminan con ".gov". Las páginas de las escuelas y universidades terminan con ".edu" y las páginas de las organizaciones sin fines de lucro, con ".org".

Otra fuente de información son las **enciclopedias**, que brindan conocimiento sobre distintos temas, y muchas tienen ediciones en línea. A lo mejor en tu escuela puedes consultar enciclopedias digitales en las computadoras de la biblioteca. Si no tienes computadora en tu casa puedes usar la computadora de la biblioteca de tu escuela o de la biblioteca pública.

En Wikipedia hay más de 4 millones de artículos diferentes.

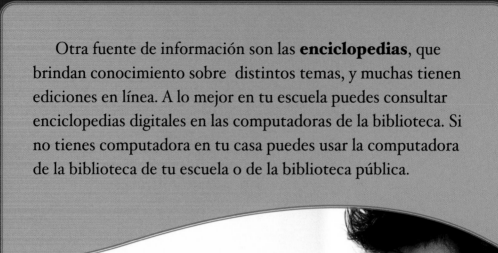

22

Este es Jimmy Wales, fundó Wikipedia en 2001.

Una enciclopedia virtual muy popular y fácil de usar es Wikipedia. Pero hay que tener cuidado porque cualquier persona puede subir información en esta página, desde gente poco experta hasta gente con prejuicio o preferencia por un tema. Hay personas que se sienten expertas en una materia, y pueden escribir un artículo para expresar su opinión como si fuera verídico. Por ejemplo, las páginas de Wikipedia que se refieren a presidentes y a la política en general, suelen presentar información con cierta inclinación. Para comenzar la búsqueda puedes usar Wikipedia, pero no olvides mirar las fuentes de información al pie de la página. Así podrás saber de dónde sacaron los editores la información.

¡Cuánta información!

A veces, parece que hubiera demasiada información disponible para mantenernos al día. Es cierto que en la historia nunca antes hubo tanta información como ahora. Sin embargo, cada periódico, revista o página web cuenta con un espacio limitado para publicar noticias. Cada medio tiene un espacio limitado para informar acerca de todo lo que sucede. Por lo tanto, casi todos los periodistas se centran en un área de las noticias. Así que para estar bien informado tendrás que usar varias fuentes. Inclínate por las más confiables y las que te gusten leer. Si utilizas Internet, puedes usar aplicaciones para crear un Resumen Óptimo del Sitio o una fuente RSS*. En esta fuente encontrarás **encabezados** y breves descripciones de artículos de diferentes páginas web.

Un beneficio de leer varias fuentes es que puedes verificar la información de una fuente con la otra. En realidad, es buena idea encontrar al menos dos fuentes que coincidan en la opinión. Esto te dará la certeza de que la información es verdadera y está al día.

*RSS: Sigla en inglés derivada de Rich Site Summary. Se trata de un formato de titulares que agiliza el acceso a la información.

Hay muchas aplicaciones de Smartphone que permiten ver fuentes RSS.

Sé testigo

Los medios de comunicación, como los periódicos, las revistas y páginas web son excelentes fuentes para mantenernos informados, pero no son las únicas. Tú también puedes ser testigo de las noticias.

Si te interesan las noticias que tienen que ver con tu comunidad, hay muchas formas de informarte al respecto. Empieza por conocer cómo trabaja el gobierno de tu pueblo o ciudad. Muchas ciudades son gobernadas por concejos municipales, o sea grupos de funcionarios electos, encargados de crear leyes y tomar decisiones en una zona determinada. Si tu ciudad está gobernada por un concejo municipal averigua si puedes asistir a una de sus reuniones.

Si quieres estar informado acerca de cuestiones de tu escuela, trata de ir a una reunión de la junta escolar. Otra cosa que puedes hacer es formar parte de la asociación estudiantil. Al igual que un concejo municipal, una asociación estudiantil participa en la toma de decisiones que afectan a dicha escuela; así tendrás la oportunidad de aprender acerca de cuestiones importantes y dar tu opinión. Si hay algunas cuestiones que te atañen y te interesan, discútelas con tus maestros y con el director de la escuela.

Estas alumnas leen el periódico de su escuela. Si escribes para el periódico de tu escuela, todos podrán informarse acerca de cuestiones importantes.

También se puede estar informado a través de las **redes sociales**. Gracias a sitios como Twitter y Facebook, las personas se mantienen en contacto a través de la distancia. Muchos periodistas y expertos en temas específicos tienen su propia página web. Esta gente suele comentar noticias para informar a los demás. Los sitios web también permiten que la gente pueda compartir hechos con amistades en el momento en que estos ocurren. Durante la revolución en Egipto, en el año 2011,

Estos niños hablan con un guardabosques sobre cuestiones del medioambiente. Hablar con expertos siempre permite informarse mejor.

muchas personas difundieron la noticia por Twitter.

Además de usar las redes sociales para saber qué pasa en tu comunidad, también puedes expresarte a través de este medio. Twitter permite usar hasta 140 caracteres o letras y espacios en cada mensaje de tweet o posteo. Esta es una buena forma de practicar periodismo. Por ejemplo, si quieres escribir una noticia, puedes utilizar un tweet para cada una de las cinco requeridas preguntas. En uno puedes aclarar quién es el sujeto de tu noticia y en los tweets siguientes podrás especificar cómo, dónde, cuándo y por qué ocurrieron los hechos.

Si hablas con un experto personalmente, trata de tomar notas. ¡Será más fácil recordar la conversación con una lista de los datos más importantes!

29

Saber es poder

Para Estados Unidos es mejor cuando sus ciudadanos y residentes están bien informados y se involucran en asuntos de interés para el país y el mundo. La gente debe ser responsable por mantenerse bien informada y tomar buenas decisiones con respeto a su comunidad, estado o país. Cuanto más informado estés, más **poder** tendrás como ciudadano. Si estás bien informado, podrás ser un miembro activo de tu escuela y de tu comunidad. Y también te servirá para ejercer el voto cuando seas adulto. Leer periódicos y artículos en revistas, leer noticias en la web y asistir a reuniones del gobierno local puede servirte para enterarte de cuestiones relevantes. Y lo más importante, podrás compartir tu opinión y datos con otros. Los periódicos escolares y las redes sociales brindan a todos los alumnos la oportunidad de escribir noticias.

Estar informado te servirá para sacar buenas calificaciones. No te asombres que en una clase de ciencias o historia salga a relucir alguna noticia de actualidad.

Glosario

blog Página web personal que la gente usa para expresar su pensamiento y opinión, y compartir enlaces.

cita Mencionar autores o texto para autorizar o justificar lo que se dice o escribe.

confiable Que merece confianza.

democracia Sistema de gobierno en el que el pueblo elige a sus dirigentes.

editor Persona encargada de corregir y editar una obra o texto.

encabezados Títulos de las noticias y artículos que en periódicos y revistas aparecen en letra mayúscula.

enciclopedia Libro de consulta sobre muchos temas ordenados alfabéticamente.

ético Conforme al conjunto de normas que rigen la conducta humana.

interpretar Explicar el sentido o significado de las cosas.

medios de comunicación Vía a través de la cual las noticias llegan al público.

periodistas Personas que difunden noticias en un periódico u otro medio.

poder Capacidad para ejercer una función.

prejuicio Opinión, generalmente negativa, que se forma de antemano y sin conocimiento.

redes sociales Comunidades virtuales en las que la gente comparte fotos, videos opiniones e información.

Índice

Sitios de Internet

Debido a que los enlaces de Internet cambian a menudo, PowerKids
Press ha creado una lista de los sitios Internet que tratan sobre el
tema de este libro. Este sitio se actualiza con regularidad. Por favor,
usa este enlace para ver la lista:
www.powerkidslinks.com/beacl/inform/